Pasajeros de andén

COLECCIÓN PRÚA

© Logo de la colección: Mujer con paraguas, de Avelino Fierro.
© *Editorial Difácil, 2025*
editorial.difacil@gmail.com
www.difacil.com
I.S.B.N.: 978-84-10363-06-9
Depósito Legal: VA 20-2025

Consejo editorial de la *Colección Prúa*: José Luis Argüelles, José Carlos Díaz, César Iglesias, Pedro Luis Menéndez y Juan Muñiz.

Imprime: Imedisa

Impreso en España

PEDRO LUIS MENÉNDEZ

Pasajeros de andén

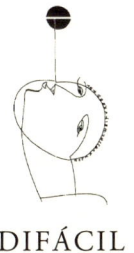

DIFÁCIL

RAYUELA

Hay un afán de lápiz en las líneas
que se dejan querer algunas noches,
la rayuela del verso que construye
edificios desnudos que, imprevistos,
se ofrecen a tus ojos o a tus manos,
pasión de arquitecturas descubiertas
al doblar una esquina
o mover un acento.

Por eso, si han llegado hasta ti
en esta misma hora de este día,
detén tu caminar y mira dentro,
hacia ese afán de lápiz que dibuja
esta dedicatoria a tu lectura.

I

UN HUMO DISTANTE

Te he sentido llorar: no sé a quién lloras.
Hay un humo distante,
un tren, que acaso vuelva, mientras dices:
Soy tu propio dolor, déjame amarte.

LUIS ROSALES

RUIDO

Doncella soledad, en tu regreso,
enervada de miedo y de doctrinas,
la patria se deshace
como un crespón sin llanto,
un trapo sucio
        que abandera
la sed de los cadáveres callados.

Alguien aplaude sin saber a quién.

La música retumba en los balcones
con nariz de payaso,
        risa tonta
del terror que socava las encías.

Los niños encerrados en sus casas
sueñan con porvenires
mientras la primavera se pierde
entre los dedos de una mosca aplastada
en la ventana.

Doncella soledad, en tu regreso
nadie baila a tu son, nadie desea

que tus pasos resuenen otra noche
ni tus caricias llenen
este silencio azul,
sentado como un ángel caído
al borde de su nada.

En el límite exacto de su nada.

(Es medianoche.
El contenedor de la basura rebosa
como un sepulcro anónimo.
He bajado sin llaves.
Llamo a casa mientras miro
la luz que emana del tercero.
Una vecina plancha).

TOQUE DE QUEDA

El hombre que desciende por la cuesta
respira a trompicones, con su ahogo
común de cada jueves.

Un niño cruza por detrás del viento.

Él lo oye sin otra rendición que la costumbre.

Una mujer se apiada de sus pasos
mientras crece la noche
en su dolor de espalda.

La mascarilla añade
un algo de fervor a la mirada que trenzan
a destiempo,
como si todo fuera ya un final previsto
por un alguien ignoto.

La ciudad se retira tras las puertas
que cierran lo imposible.

En sus bocas se mueren los besos
enhebrados con un hilo de frío
de un noviembre que fuma en los rincones.

Un niño cruza por detrás del agua.
Él lo oye llorar.

HOTEL DE PASO

En penumbra las voces se confunden.
También los años, los viajes, los recuerdos
que caen en un cajón para perderse
y no ser ya sino silencio oscuro.

En un armario pobre, un saldo
de restos de almacén,
           las horas
que transcurren van cerrando
                los dedos
en torno a las mentiras que persisten,
humanidades viejas,
papeles arrugados,
lunas frías.
          En un hotel de paso,
en su montaña de noches sin cobijo,
te sientas a mirar y no ves
nada, mientras la sombra va ocupando
la cavidad creciente de otro miedo,
frontera de tu carne.

12 DE OCTUBRE

El viajero pronuncia mi nombre
y yo respondo sin responder del todo,
en el umbral de las verdades a medias,
en esa esquina que conservo para mí.

El pájaro ha muerto en su jaula
la noche pasada.

En la prensa del día,
cansada ya a estas horas,
se amontona el pasado.

Cuando el viajero insiste,
cruzo la sombra como quien cruza
una calle, desconfiado,
y me vuelvo al silencio,
tan pródigo y amable.

Los soldados desfilan sin hacerse preguntas.
Pasatiempos de niños en un lunes sin sol.

PAREDES APILADAS

Las casas sin desván son puro vértigo,
paredes apiladas
en las que el luto de los días
ennegrece lo que fue claridad y es solo
lluvia discreta de noviembre,
monótona, recuerdo leve
de una canción que miente
en las costuras del otoño.
                    Las casas sin desván
son el desierto.

PALIMPSESTO

Apunta lo imposible en un papel pequeño,
un papel ya usado
que pueda arrojarse a cualquier rincón
sin que la pérdida sea importante,
una factura que no piensa pagar.

Y sin embargo duele,
y ese insistir suyo en el dolor
deshace en él lo poco de sereno
que logra ir empujando hacia ninguna parte,
el sur, el norte, el invierno, la herida.

Después cruza la puerta y esconde ese temblor.

Alguien pasa de largo.

SECRETOS

No escondo en los bolsillos más de lo necesario,
una luna pequeña, una pieza de puzle,
una llave que cierra lo que antes abría,
pañuelos y monedas gastadas por el tacto;
y un rincón de sospecha,

una esquina
que dobla
la patria de lo oculto,
los sueños desquiciados,
las grietas,
las arrugas,
los versos,
las caídas.

Los sábados, la noche.

La ausencia, la costumbre.

HUCA

Es un eco, pensaste, no es su voz.

Rodaba por el camino sin demasiado entusiasmo,
solo porque sentía la obligación de rodar.

Las obligaciones son tristes, pero no siempre, pensaste.

Sí en su caso, pensé.

Las puertas del hospital se abrieron y se cerraron.
Tú y yo del lado bueno, pensaste. Es un alivio.

Hace años, aquel hombre, en el antiguo Huca,
encontró la ventana que se podía abrir.
Un quinto o sexto piso, no recuerdo.

Pongamos que sucedió un sábado.
Cuando volvimos el domingo,
su cama ya estaba ocupada.

Tú y yo del otro lado, pensé. Es un consuelo.

CÉLINE I

Soy solo un viejo que lee a Céline de noche,
que no es lectura para viejos, me dice,
y yo respondo con un ademán de la cabeza
porque no tengo palabras,
o no las suficientes,
o no las que él desearía si deseara algo.

Por las calles de Detroit, con el ruido.
Por las calles de París, con la mugre
de otro siglo que ya no es este.

Aquí y allí, antes, después, que ya
no es este.

CÉLINE II

Al fondo del espejo, una mancha indeleble
rememora para él cada mañana
el sabor ácido de lo que fue inquietud
y es tedio.

Otras noches galopan en su espalda partida.
Ya no son estas noches.

En Rancy, la espuma de los miserables
se expande como una dentadura postiza
que cae por el retrete.

En cada callejón, una caverna oscura
encadena la luz
que es solo un mito,
una broma de mal gusto de los dioses
muertos.

Más allá solo permanecen
las momias de Toulouse.

CÉLINE III

Los viajeros regresan
con un sentir anciano
que no han querido abandonar.

La calle, oscura, y el luminoso afirman
que los lugares perdidos siempre vencen.

A nadie importa una victoria triste.
A ellos, menos que a nadie.

Y sin embargo, qué no darían por aquella noche
en la que todo era orígenes o lluvia,
piel empapada, músculo ceñido
al vaivén desarbolado de las venas,
hospital del consuelo.

En el umbral esperan la noticia.
Cerca de allí, alguien cierra
una ventana en el silencio
mientras los perros ladran a los desconocidos.

CASA TOMADA

No ha abierto la maleta.
En el lado opuesto de la casa
se adivinan las sombras
de alguna Navidad,
sin más presagio
                    que el de un tiempo
cruel, aquella incertidumbre
que convirtió al presente
en los jirones de los juguetes rotos
o una tortura inútil.

No ha encendido la luz.
Solo aguarda en el pasillo
mientras contempla en la penumbra
una estrella dormida
y unos muebles ajenos.

Ayer, en el insomnio del tren,
soñó con una muerte ahogada,
sin aire.

REFUGIOS

Al pie de la muralla,
un cielo que no abre más memoria
que la fingida
y algunas tazas rotas por el uso.

En la montaña rusa
de la celda en que escribo
la devoción y el odio
se aparean impúdicos.

Los pobres enterramos
los deseos que asoman
entre las grietas.
                    Sabemos
mirarlos de soslayo.
Quedarnos quietos.

ESCENARIO

Has marcado con tiza
mi posición exacta
y entonces he entendido:
procura no salirte de la línea,
de tus cartas marcadas permanece
un recurso gastado,
una ambición
desgarrada hace tiempo,
                              tanto
que ni tus rodillas ni tus codos
soportarían ya
los empellones de la carrera.

Sé prudente,
mantente en la distancia.
Luego, sonríe y sigue. Pues que sabes
quién eres, cualquier otro camino
sería traición.

OCTUBRE

En octubre las calles amanecen
con un viento que arrastra
paisajes sin sosiego,
un pañuelo de seda con bordados,
diez mil palomas muertas.

Un niño en una esquina mira el mundo.
Una madre se esconde en un portal.
Las sirenas de alarma pueblan sombras.

Los semáforos saben que los ríos
desembocan sin cauce en las aceras
y un tendal se desprende con estrépito
sobre el parque vacío.

En octubre los ángeles golpean
aldabas en derribo,
luces sordas,
un volcán que convierte en intemperie
las lágrimas resecas,
un millón de almas frías.

No tienen alas
las huellas del olvido.

DEL OTRO LADO

Diciembre se desliza en tu maleta
con alma de camisa mal doblada.

¿Adónde vas?,
pregunta alguien que llega.

Tú miras sin mirar,
del otro lado de la lluvia
que golpea los deseos mansos.

¿Adónde vas?,
pregunta alguien que pasa.

IMPREVISTOS

Alguien decidirá mi muerte.
Su poder sobre mí evitará preguntas
que los criterios médicos estiman accesorias:
¿qué tiempo hará mañana?

¿Te acordarás si acaso
de recoger la ropa
que olvidé en el tendal?

¿Queda algún cigarrillo
para fumar al tiempo
que contemplo tu sombra
detrás de la ventana?

¿Habrá un segundo más
después del resplandor?

¿Recordaré este otoño?

OTOÑOS

Condenarán las sombras
la ventana encendida,
ese cristal confuso que se quiebra
sin golpe alguno, al ritmo
irremediable de un reloj
de silencio:
        en los jardines
vagan las últimas caricias,
las noches de los bares sin fortuna,
los caminos de rueda,
las guitarras,
las luces del otoño y sus confines,
una sala de fiestas en París,
un barco sin timón,
un aeropuerto.

Después la soledad,
        alba de niebla.

VEJEZ

Un hombre cruza
el arco de su sombra
y reclama al invierno
las últimas monedas,
otro vaso de vino,
algunos versos,
unas piernas que abracen,
esa pasión de lenguas demoradas,
un diciembre infinito.

Mientras mira las olas que desnudan
de otra verdad el sueño y sus fronteras.

TODAVÍA

Si las palabras viven
en una tarde verde y sin remedio,
en un perfil de dos
contra las letras capitales,
en la arruga de todos los ancianos,
tal vez, quizás o todavía
podamos entreabrirnos hacia el mundo,
ser vallejos los jueves o los martes,
estar aquí después de tantas losas,
permanecer.

RUECA

Hay una casa llena de ceniza
que no nos atrevemos a barrer.
No por cobardía,
no es por eso.

Puedes asegurarlo, conoces bien
los modos y maneras,
la inconstancia,
los haberes escasos,
las codicias.

En alguna ocasión
encendías las luces
y cerrabas la puerta.
Ahora no quieren nada,
no de ti.

En las noches de mayo
derraman aceite y miel sobre tus ojos.

Y esperan, por si tienes a bien
regresar a sus recuerdos,
esos hilos débiles de la memoria.

Un río de anestesia desemboca
en el envés de todos los silencios.

EVOCACIONES

A desmano, las sombras emergen
entre sílabas secas y arrugadas,
otra manera de convocar el vértigo
para cuando no quede más frontera
que la última noche
y tú no estés allí,
ya tan lejana que el dolor sea solo
aquello que guardamos cuando nada permanece.

En las calles de octubre las nubes que se advierten
proclaman que los sábados anuncian la llegada
de un otoño sin luz.

Mirar al cielo sin saber por qué.

Persistir.

LOS JÓVENES AMANTES

La lluvia desemboca en esta tarde opaca
y desnuda las calles de una ciudad oculta.
Detrás de las paredes, los jóvenes
se aman y los viejos dormitan
en el hueco que alguna vez sostuvo las creencias.
Después, todo se desvanece con la noche que llega
y ocupa los rincones.

Construyo en la memoria de tu cuerpo
una línea
           que baja entre caricias
de un mapa desgastado por el tacto.

La luz que parpadea en las farolas
niega las evidencias.

La añoranza es un lazo que vuelve de vacío.

Una palabra turbia.

LOS VIEJOS AMANTES

Un nudo en la garganta te detiene
a un centímetro de su cadencia.
No piensas que le importe
que adivines sus pechos y desees su piel.
En su mirada adviertes ese brillo
que alienta tu contacto.

Retrocedes entonces, ya no es tiempo
de jugar la ternura, llega tarde
a tus manos cansadas,
como ese equipaje solitario
que no deja de girar en la cinta de las maletas.

Alguien, tal vez el miedo,
ha anulado tu tarjeta de embarque.

Solo puedes volver la vista atrás
a través de la noche,
entre la luz fría de la terminal
y el perfil de su cadera al despedirse.

No tomarás su vuelo, tú tan tierra.

LANGTON HERRING

Los senderos propagan
su condición experta,
su sonata de sombras y castaños,
mientras hacen valer
saberes y distancias,
al tiempo que desprecian
la red inerme de las indecisiones.
No aman correr.

Allí, en Langton Herring,
una cabina de teléfono
indicaba el punto exacto
en que debíamos girar.
Lo hicimos.

Las curvas sucesivas de los tiempos
vinieron a buscarnos,
ellas también dispuestas
a la contemplación
de aquel atardecer,
aquella su confianza diáfana
en los días venideros,
mientras nosotros ignorábamos
que nos habíamos rendido.

No gritamos socorro. Nadie acudió.

De puente a puente.

Puedes caer en el pozo.

AFÁN

Guardo las instrucciones
el tiempo necesario para que se reconozcan
en sus pasos, esos que se definen
por volverse, si alegres,
otra forma de sentir que lates,
una manera de saberte
aquí, en este otoño denso de crudeza,
como un afán,
un peregrino que recoge luces
y piensa: todo está bien, quizás,
tal vez me lea, todo está bien,
quizás, tal vez me ame.

O alguna vez, quizás, tal vez
sí deseara hacerlo.

1975

Amarse era difícil en invierno.
En la pared de algún quiosco del parque.
En la España sucia de las casas de citas.
En algún piso prestado por amigos
durante las vacaciones de sus padres.
En el asiento abatido de un 127.
En el ginecólogo que te negaba la píldora.
En la farmacéutica que afirmaba
que allí no vendían preservativos.
En la mierda diáfana de un Franco
entre estertores, esperpento
beato de las gentes de bien.
En el vómito del odio y las miradas torvas.
En pecado mortal. En los cines de tarde.
En las maneras todas de aplastarnos la vida.

Amarse era difícil en invierno,
pero cuánto lo hicimos sin embargo.

MAPAS (BOLERO)

Geografía perdida de los mapas,
lloraban las canciones
—es su costumbre hacerlo—
renglones tibios
para las almas cándidas,
esas que nadan mal y apenas sobreviven
en las distancias cortas,
                              ahí,
en el instante en que uno se la juega
y pierde.

Tú viajabas al sur,
yo regresaba al norte.

Lo demás fue pasado y,
alguna noche,
olvido.

LITURGIA

Son otras las caricias que desvelan
esta liturgia dulce
de los trenes que lloran.

La memoria sonríe en un correo
que espera mi respuesta, desnuda
y en silencio, con música
de Aute.

SERVICIO DE HABITACIONES

Los cruces de caminos se parecen
a los cuartos de hotel.
Les agrada decidir por ti
mientras hacen la cama,
limpian el baño o
pasan la aspiradora.

En un mundo de toallas sin dueño
la virtud ha elegido otro camino.

El servicio de habitaciones
prepara la mortaja del aspirante
al infierno de los que
tanto amaron, amiga,
tanto amaron, que son solo
ceniza con sentido,
polvo eterno.

RELOJ DE ARENA

He escondido tu vida
en un rincón pequeño
de un sábado cualquiera.

Tal vez llegamos tarde
a los juegos del beso.

Es tan solo posible
que la piel no responda
y las caricias sean
un gesto sin presencia
real, una impostura.

Mejor dejar la calle a los que llegan,
son un tropel que corre sin desmayo.

Mejor retroceder a los noviembres,
ser estatuas de sal,
matar al niño.

Y no fingir teatros sin tramoyas.

EL MIEDO

Nada será posible
sino la lentitud del miedo,
esos ojos vacíos que no laten
después de las fronteras,
en esa turbación en la que todo
se detiene y contempla
el paso de los años,
las cargas del presente,
lo inútil de los besos
que buscan algo más
en su insistencia.

Por la avenida,
en medio de la noche,
conduzco muy despacio,
casi quieto.

SIN ABRIGO

Los eneros agrietan estos muros
y no puedo evitarlo.

No escribía entonces,
no en aquel tiempo de bocas
entregadas a los dioses
felices del orgullo.

Otros escriben de la felicidad
sus ceremonias.
                    Yo me entregaba a ella
con el silencio de la devoción,
esos pasos pequeños
de un niño que cruza la mañana
y solo espera el extravío
de su propio andar,
así, sin rumbo.

Pero los eneros agrietan los muros
y no puedo evitarlo.

En un tiempo de sombras sin abrigo.

NOVIEMBRE

Una mujer se sienta frente a ti.
El frío no ha llegado a este noviembre
que asciende por sus piernas
cruzadas, mientras huyes
a través del cristal
de todo aquello que te reduce
a lo que ya no eres,
una cueva sin más tesoro que su vacío.

El brillo de sus botas te recuerda otras calles
y un vendaval de piel en cada madrugada.

Era entonces y allí. Ahora recortas
estas líneas en forma de poema
para ocultar la prosa que se esconde
en el brillo de sus piernas, tan ajenas
al viaje, tan perdidas.

POZO

Temblabas en la arena.
La luz sin alma del mediodía
codiciaba tus ojos humillados
a su presencia, ardientes,
con la herida que brota
de un perfil sin deseo.

En el agua, ya no azul,
tan plata, una senda
de silencio huía.

No hablamos entonces.

Después, el viento y la marea
llenaron los pozos
dc salitre gris.

En el paseo marítimo
sonaba la música
y no era la nuestra.

No hablamos.

PIEL

Busco en el viento
las seis vidas perdidas en la noria
más algunos silencios que te esconden.

Afirmar que soy cuanto ves
es un recurso fácil,
un mal truco de mago de intemperie.

Tú conoces el juego
y sin embargo sigues
con la luz encendida entre las manos.

Acudo entonces sin máscara, sin defensa
alguna, con muy poca ambición,
solo el deseo
de esa esquina de ti que se adivina,
esta palabra quieta a punto de nacer.

II

COLOFÓN

SEXTINA BARROCA (UNA POÉTICA)

Era esto la vida, humo y tiempo
que acuden como acude fría el alma
a desnudar otoños sin más sueño
que este delirio de ángel en la sombra:
caminos y caminos, sed de bosque,
heridas sin cerrar, llagas sin cuerpo.

Llagas estremecidas ya sin cuerpo
que alumbran como alumbra firme el tiempo
la oscuridad más densa de aquel bosque
callado hoy, memoria de algún alma
que maldijo nostalgia de esta sombra,
de esta raíz: mortaja de otro sueño.

Era esto la vida, hora y sueño,
pasión desvanecida, pobre cuerpo
mortal, aullido azul de la sombra
que desgarra cadencias en el tiempo,
alcobas enterradas en el alma,
eslabones de huellas en el bosque.

Huellas desgarradoras en el bosque,
ambiciones rendidas por el sueño

que anidaba en los lunes de tu alma
y cayó, tan mortal, tan cuerpo a cuerpo,
como un cristal en que se ahoga el tiempo,
como un dintel en que muere la sombra.

Era esto la vida, humo y sombra,
cenizas del incendio de aquel bosque
perdido de la infancia: luz y tiempo
que poblaban fantasmas sobre el sueño,
calendarios y espejos, cuna y cuerpo,
balcones de la muerte de tu alma.

Muerte desprevenida de tu alma,
madrugada sin paz en que la sombra,
a dos pasos tan solo de su cuerpo,
fue arrecife y volcán, dolor y bosque,
arista amarga, homicida sueño
en el que ardió la turbiedad del tiempo.

Y ya el tiempo codicia humo y alma
para que el sueño se convierta en sombra,
ceniza y bosque, polvo, tierra, cuerpo.

NOTA DEL AUTOR

Los poemas *Ruido, Céline, Toque de queda, Octubre, Langton Herring, Noviembre* y *Sextina barroca* fueron publicados con anterioridad en los **Cuadernos de Poesía Prúa**.

Ruido, Céline, Octubre, Langton Herring y *Noviembre* fueron recogidos en **Vaticinios**, una edición no venal propiciada por el Círculo Cultural de Valdediós para la celebración de los XX Encuentros Poesía en Valdediós, impulsados y coordinados por José Luis García Martín.

El poema *Huca* apareció en la revista de poesía *Ítaca*, que desde Avilés dirige la también poeta Isabel Marina.

Este libro —tal como es hoy— no existiría sin la lectura atenta y entregada de José Carlos Díaz. Es buena cosa dar fin a estos poemas con la palabra agradecimiento.

ÍNDICE